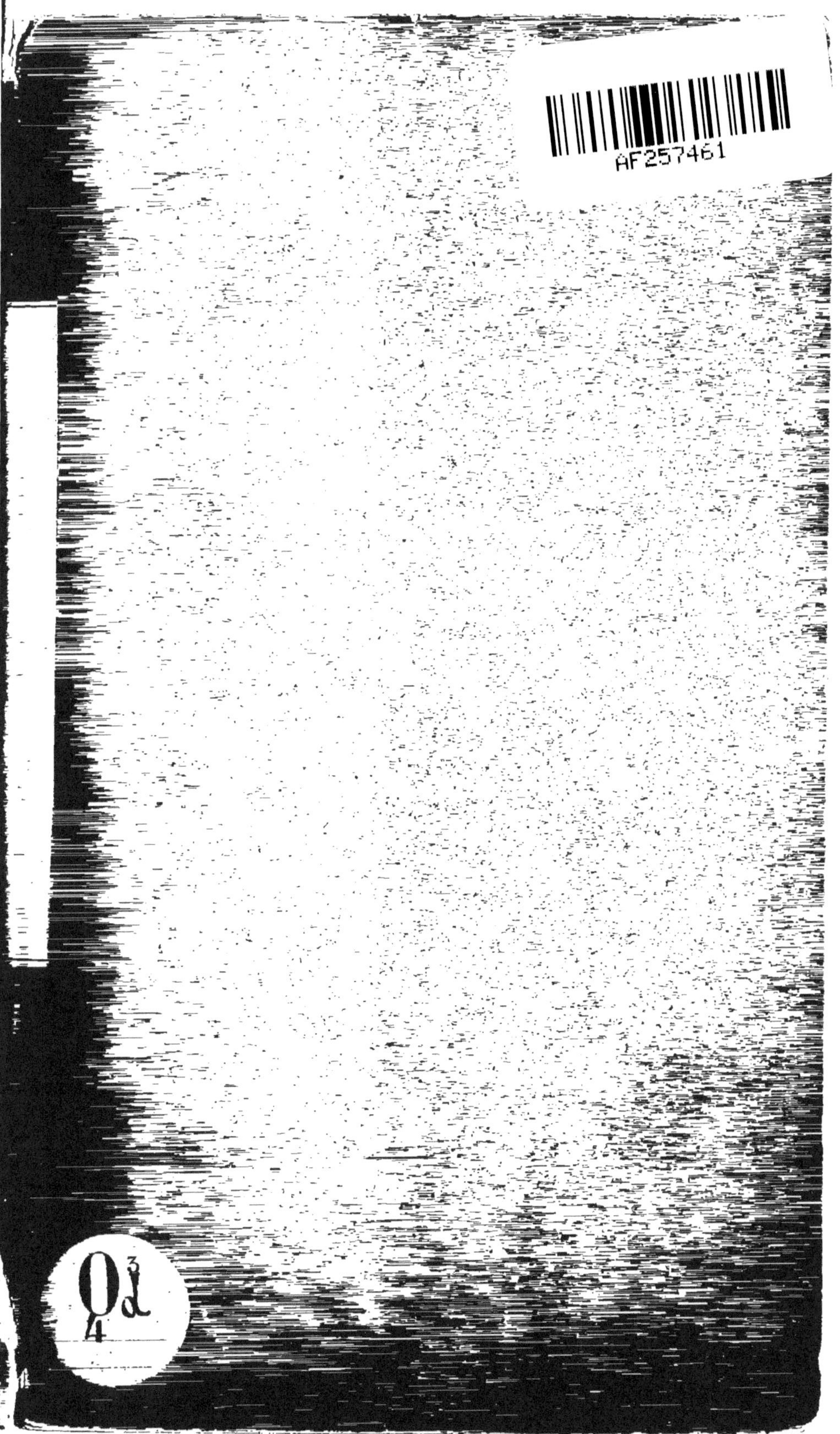
AF257461

CHRONOLOGIE

DES MONUMENS

ANTIQUES

DE LA NUBIE.

CHRONOLOGIE
DES MONUMENS

ANTIQUES

DE LA NUBIE,

D'APRÈS L'INTERPRÉTATION DES LÉGENDES ROYALES CONTENUES
DANS LES BAS—RELIEFS HIÉROGLYPHIQUES,

PAR M. LOUIS VAUCELLE.

Avec 4 planches.

PARIS.

LIBRAIRIE ORIENTALE DE DONDEY-DUPRÉ PÈRE ET FILS,

IMP.-LIB.-MEMB. DE LA SOCIÉTÉ ASIATIQUE DE PARIS,

Lib. de la Soc. Roy. Asiat. de la Grande-Bretagne et d'Irlande, sur le Continent ;

RUE RICHELIEU, N⁰ 47 bis, ET RUE SAINT-LOUIS, N⁰ 46.

1829.

PARIS. — IMPRIMERIE DE DONDEY-DUPRÉ,
Rue Saint-Louis, N° 46, au Marais.

CHRONOLOGIE

DES MONUMENS

ANTIQUES

DE LA NUBIE.

L'Égypte, berceau de la civilisation, ne nous est bien connue que depuis qu'une réunion de nos savans les plus distingués accompagna l'aventureuse expédition que la France envoya dans ce pays. La force des armes était nécessaire pour vaincre l'opposition que les Arabes mettaient aux recherches des voyageurs, et en même tems pour déraciner le préjugé qui les écartait des Européens. Le souvenir des croisades subsistait encore parmi eux. Ils ne voyaient en nous que le franc barbare, ou le marchand à qui le vil appât du gain faisait supporter patiemment des humiliations et des avanies de tous genres. Mais les Français devaient bientôt obtenir l'estime d'un peuple chez qui la bravoure est la première des vertus. Il suffisait des journées des Pyramides et d'Héliopolis.

Alors nos savans explorèrent cette antique patrie des Pharaons ; contrée que les successeurs d'Alexandre et les Césars avaient ornée de nombreux monumens, en se conformant toujours au type primitif de son architecture nationale. Ce fait est digne de remarque. Tandis que les Grecs transportent leurs arts en Sicile et en Italie, et les imposent aux vaincus, ils élèvent en Égypte des temples semblables à ceux des Mœris et des Sésostris. Ils adoptent même en diverses circonstances la langue et l'écriture des Égyptiens. Calabché, Esné, Dendérah, sont des preuves que les Romains s'y conformèrent aussi. Les empereurs devinrent, comme Osimandué, des fils du Soleil, et Néron fut qualifié de Dieu bienfaisant. Pour amener ces deux peuples à dépouiller ainsi tout sentiment d'amour-propre national, quelle devait donc être la réputation de sagesse des Égyptiens ? ou plutôt admirons la politique des vainqueurs, qui consolident leur puissance en paraissant reconnaître la supériorité des vaincus.

Tous les savans qui avaient accompagné l'expédition française, se firent un devoir de se communiquer réciproquement, et de publier dans un même recueil les observations qu'ils avaient faites pendant leur séjour en Égypte, et leurs notes réunies forment *la description de l'Égypte*. Il est à déplorer que la rapidité que commandaient les marches militaires, ne leur permît pas toujours un grand degré d'exactitude. Malgré ce défaut, cet ouvrage sera toujours un des plus beaux et des plus utiles que notre siècle ait produits.

Mais le travail de la commission s'arrêtait à l'île de Philæ, et la Nubie nous restait inconnue. A peine savait-on qu'entre les deux cataractes il existait quelques monumens antiques. Habitée par un peuple presque sauvage, forcée de défendre continuellement son indépendance contre les Mamelouks, cette contrée avait échappé aux recherches de tous les voyageurs, jusqu'au moment où la conquête en fut faite par le Pacha de l'Égypte. Les savans, toujours certains de trouver protection auprès de ce prince éclairé, s'y répandirent alors, et virent avec surprise qu'il y avait dans ces régions brûlantes des monumens dignes de rivaliser avec ceux de la Thébaïde, et que le temple d'Abesembel ne le cédait en rien à ceux de Karnak et de Louqsor.

Dès ce moment on sentit tout le vide que laissait le travail de la commission d'Égypte. C'est cette lacune que M. Gau a tenté de remplir. La tâche était grande; mais nulle difficulté n'était capable de l'arrêter, et plus son entreprise était pénible, plus il redoublait d'efforts pour la mener à bien, et donner à son travail le degré d'exactitude qu'il demandait.

Il a enfin atteint le but. Son ouvrage forme la suite de la description d'Egypte, et cette suite est bien digne du commencement.

Pendant un voyage que je fis en Nubie, en 1826, pour étudier les antiquités de cette intéressante contrée, je m'aperçus que la lecture des légendes hiéroglyphiques des rois pouvait seule fournir le moyen de déterminer l'âge de ses temples. Les découvertes de M. Champollion le jeune venaient d'être publiées. Profitant alors des notions qu'elles me donnaient, je recueillis avec la plus grande attention tous les cartouches des princes qui ont construit ces ouvrages, ou qui les ont réparés et augmentés. J'ai vu tous les monumens décrits par M. Gau, et je me plais à reconnaître l'exactitude de ses dessins. Ils prouvent qu'il a étudié et mesuré avec un soin extrême toutes les parties de chaque édifice.

Il a été bien récompensé des peines et des fatigues que ces recherches lui causaient. Les règles de cette architecture bizarre n'ont pu échapper à un observateur aussi attentif. L'étude approfondie de cet art lui a fait distinguer facilement les ouvrages originaux des imitations plus ou moins parfaites que tentèrent les divers dominateurs étrangers de ces contrées. C'est ainsi qu'il est parvenu à reconnaître les ouvrages des Grecs et des Romains de ceux des Pharaons. La comparaison des proportions, des détails, des profils des moulures, ont suffi pour l'empêcher de ne jamais errer. Mais les mêmes caractères ne pouvaient plus le guider lorsqu'il fallait assigner une date aux ouvrages gigantesques des souverains autochthones de la vallée du Nil. M. Gau fut frappé de l'extrême différence de l'architecture nubienne et de la thébaine. Cependant, dans les détails, il y retrouvait beaucoup de traits de ressemblance. Dans la Thébaïde, les temples s'élèvent majestueusement, et sont annoncés de loin par des obélisques ; d'énormes pylônes servent d'entrée à des salles décorées de lourdes colonnes. Au contraire, ceux de la Nubie ne sont que de vastes excavations creusées dans les montagnes. Des colonnes taillées dans le rocher en supportent la voûte. Les mêmes bas-reliefs couvrent les murs des monumens de ces deux pays, et les statues qui ornent l'entrée du temple d'Abesembel sont semblables à celles de Louqsor.

Cette analogie n'a point échappé à M. Gau. Frappé de l'imperfection de la sculpture de quelques temples de la Nubie, et particulièrement de celui de Derr, il en a conclu que c'était là que l'architecture égyptienne avait pris naissance. Il était en effet facile de croire que les hommes avaient creusé des grottes long-tems avant de songer à construire ces édifices si majestueux, qui s'élèvent au milieu de la plaine, dégagés de tout appui. Qui aurait pu soupçonner que les grossiers bas-reliefs de Derr, que ce temple souterrain , qui décèle une ignorance si complète de toutes les règles de l'art, fussent de la même époque que les colonnes du temple de Karnak? Les inscriptions seules devaient nous révéler ce fait.

Frappé de l'idée que des ouvrages d'un style aussi différent ne pouvaient appartenir aux mêmes tems, M. Gau dit : « De tous les monumens connus jusqu'à » ce jour, ceux de la Nubie, taillés dans le roc et » situés entre la première et la seconde cataracte du » Nil, paraissent être les plus anciens. En effet , si » l'on compare ces travaux de l'art au berceau avec » les monumens qu'on trouve en Egypte , non seu- » lement il est possible de reconnaître à des indices » positifs qu'ils remontent à une époque antérieure » à celle où les derniers furent exécutés, mais il est » encore facile à l'œil exercé de saisir dans les pre- » miers le cachet de l'originalité, et dans les autres, » le caractère de l'imitation. Les monumens nubiens » sont donc les modèles primitifs de toute l'archi- » tecture égyptienne. Vouloir soutenir le contraire, » et persister dans l'opinion que les édifices *construits* » *isolément* puissent appartenir à une époque anté- » rieure aux temples creusés dans les montagnes, ce » serait, ce me semble, maintenir un système contre » toutes les probabilités. »

Cette proposition, avancée par un homme moins judicieux, deviendrait sans importance ; mais lorsqu'on voit celui qui a su si bien discerner les antiquités grecques et romaines des ouvrages des Pharaons, prononcer, d'une manière absolue, que tous les temples souterrains de la Nubie sont antérieurs à ceux de l'Égypte, on a de la peine à supposer qu'il se trompe sur ce point : point de la plus grande importance pour l'histoire de la civilisation, puisque, d'après le système de M. Gau, les arts auraient fleuri long-tems entre la première et la seconde cataracte avant de descendre dans la Thébaïde. Sans tenter d'expliquer la cause de la différence de style des deux architectures, je vais essayer de réfuter cette assertion. Je prendrai pour seule base les légendes royales que ce voyageur semble n'avoir pas recueillies. La découverte admirable du système graphique de l'Égypte m'a fourni les moyens de les consulter. Il deviendra ainsi impossible de douter que les grossières ébauches du temple de Derr, les belles excavations d'Abesembel ont été exécutées en même tems que la salle hypostyle de Karnak. En parlant de chaque monument, je donnerai le nom du prince sous le règne duquel il fut construit. Alors il sera facile de se convaincre que nul monument en Nubie n'a une antiquité comparable à celle d'une muraille de Thèbes sur laquelle on lit le nom d'Osimandué.

Au-delà de Philæ, ce que l'on trouve de plus ancien est une petite chapelle taillée dans le roc. Elle est si peu remarquable qu'elle a échappé aux recherches de M. Gau. On y lit le prénom d'Aménoftep.

Je me flatte d'être agréable aux personnes qui s'occupent d'archéologie égyptienne, en leur faisant connaître le nom de chaque prince qui a érigé le monument représenté et décrit dans l'ouvrage de M. Gau, et la date de sa fondation. Je me servirai pour cela de la table chronologique dressée par M. Champollion-Figeac pour l'histoire des rois de la 18e dynastie.

Je dois prévenir que, M. Gau et moi, nous différons souvent sur les noms des lieux, et presque toujours sur leur orthographe. J'ai adopté celle de la langue saïd. Je mettrai en lettres italiques le nom que cet auteur a employé.

DÉBOD. دبود

Débout.

Ce premier temple de la Nubie est de construction romaine ; on y trouve les légendes d'Auguste (*légende* 13) et de Tibère (*lég.* 14) ; cependant dans le vestibule on voit le nom d'un prince que je crois être éthiopien (*lég.* 10) ; l'époque de son règne est inconnue.

Il y a encore dans le sanctuaire une chapelle monolithe en granit, sur laquelle j'ai distingué le nom propre d'un Ptolémée. Je n'ai pu reconnaître le prénom de ce prince.

Chapelle monolithe . . . .
Vestibule. . . . .
Portique : de l'an 30 avant J. C. à l'an 37 de J. C.

GARDASSY. قرضاسى

Gartasse.

Ce temple n'est orné d'aucune inscription hiéroglyphique. Je pense, comme M. Gau, qu'il n'est pas ancien.

TEIFAH. نيفة

Tehfah.

Il me semble que les ruines nombreuses de Téifah sont des ouvrages des Romains.

———

CALABCHÉ. كلابشة

Kalapsché.

Ce petit temple souterrain, que ses bas-reliefs rendent l'un des plus intéressans de la Nubie, fut creusé par Ramsès II (*lég.* 6) (Armaïs), pour immortaliser ses exploits contre les peuples du centre de l'Afrique.

Le grand temple, bien plus moderne, ne date que du règne d'Auguste. (*Lég.* 13.) Il fut détruit par Silco, roi d'Éthiopie.

Temple souterrain : de l'an 1565 à 1518 avant J. C.

Grand temple : de l'an 30 avant J. C. à l'an 14 de J. C.

———

DANDOUR. دندور

Ce temple appartient encore au règne d'Auguste. (*Lég.* 13.)

De l'an 30 avant J. C. à l'an 14 de J. C.

GUERFISSEIN. جرفيسين

Guirché.

Toutes les parties de ce temple furent construites par Ramsès VI (*lég.* 8) (Sésostris), dont on trouve la statue dans le sanctuaire.

De l'an 1473 à l'an 1418 avant J. C.

———

DAKKÉ. دكّة

Dekkeh.

Cette ville s'appelait autrefois SILK (*pl. IV*, n° 16), *la ville du Scorpion*. Beaucoup de princes ont fait des augmentations à son temple. Le sanctuaire semble avoir été ajouté, car il est plus moderne que les deux vestibules. Le nom d'Ergamènes, roi de Méroë (*lég.* 9), s'y trouve réuni à celui d'Auguste (*lég.* 13), tandis qu'il est seul dans les deux vestibules.

Le portique fut commencé par Ptolémée–Philopator (*lég.* 11) ; la façade du portique porte le nom de Ptolémée–Evergète II (*lég.* 12), et sur le mur qui ferme le portique on lit la légende d'Auguste. (*Lég.* 13.)

Je traduis ici un tableau généalogique qui est gravé dans le portique, au-dessus de la porte :

Le roi du peuple obéissant, Dieu... l'éprouvé de Phtahh, gardien des offrandes d'Amon-Ra, soutien vivant, fils du Soleil, Ptolémée, toujours vivant, chéri d'Isis ; la royale épouse et sœur, dame du monde, Arsinoë, femme. Le père royal, Ptolémée, la fille d'Amon, Arsinoë, femme. (Pl. IV, n° 15.)

Cette inscription se rapporte à Ptolémée-Philopator.

Premier et deuxième vestibule : de l'an 270 à l'an 213 avant J. C.

Sanctuaire : de l'an 270 avant J. C. à l'an 14 de J. C.

Intérieur du portique : de l'an 221 à l'an 204 avant J. C.

Façade du portique : de l'an 145 à l'an 116 avant J. C.

Mur entre les colonnes du portique : de l'an 30 avant J. C. à l'an 14 de J. C.

KOUBAN. كبان

M. Gau ne fait pas mention de ces ruines, qui se trouvent sur la rive orientale du Nil. Elles consistent en une vaste enceinte formant un carré parfait, entouré de murs très-épais, en briques crues. C'était évidemment une forteresse égyptienne. Au dehors il y avait un petit temple, sur les pierres duquel j'ai trouvé le nom de Ramsès VI (Sésostris). (*Lég.* 8.)

De l'an 1473 à l'an 1418 avant J. C.

KOURTY. قورتى
Kessé.

Je n'ai découvert aucun cartouche sur ce monument. Je le crois appartenir au tems de la domination romaine.

———

OFDOUINI. افدوينى
Maharraga.

Ce temple fut construit par les Romains ; mais je ne puis spécifier sous quel prince. Je n'y ai trouvé qu'un cartouche mutilé dans lequel je suis parvenu à lire ces mots : *César, toujours vivant.*

———

SÉBOUE. سبوع
Essaboua.

Ce temple, avec tous ses colosses et ses sphinx, appartient au règne de Ramsès VI (Sésostris). (*Lég.* 8.) De l'an 1473 à l'an 1418 avant J. C.

———

AMADA. امدا
Amadone.

Il est difficile de déterminer exactement l'époque à laquelle se rattache la fondation du vestibule et du sanctuaire de ce temple, parce que les prénoms de Thoutmosis II, d'Aménof I et de Thoutmosis III, y sont réunis. M. Champollion, d'après des copies qu'on lui a communiquées, n'a cru y voir que les prénoms de ces deux derniers princes. En effet, ces prénoms sont évidemment les mêmes ; car l'*univers* étant la réunion de tout ce qui existe, ce mot peut être pris, sans changer de sens, au singulier et au pluriel. C'est cependant le seul signe du pluriel qui distingue le prénom de Thoutmosis III de celui de Thoutmosis II. Aussi cette différence ne m'aurait-elle pas paru suffisante pour reconnaître dans le vestibule et dans le sanctuaire d'Amada, les deux Thoutmosis ; mais M. Champollion a remarqué que Thoutmosis II était le seul à faire suivre son nom propre du titre de *bienfaiteur du monde*. Je trouve ici un de ces princes qui en pare constamment son cartouche, tandis que l'autre en prend un différent. Je ne puis donc m'empêcher de distinguer deux Thoutmosis.

Appliquons maintenant ce principe à la fondation de ce temple. Il me semble que Thoutmosis II (Mœris) (*lég.* 2) commença le vestibule et le sanctuaire ; que son fils Aménof I (*lég.* 3) y travailla sans les achever ; et qu'ils ne furent entièrement terminés que sous son second successeur Thoutmosis III (*lég.* 4), qui y ajouta un portique. Alors, en faisant graver les inscriptions du vestibule et du sanctuaire, il réunit son nom à celui des princes qui en avaient jeté les fondemens, tandis que sous le portique, son ouvrage à lui seul, il n'y plaça que le sien.

Vestibule et sanctuaire : l'an 1736 à l'an 1687 avant J. C.

Portique : de l'an 1697 à l'an 1687 avant J. C.

―――――

DERR. در

Derri

D'après le style de ce temple et la grossièreté des sculptures, M. Gau a pensé qu'il était le plus ancien de la Nubie et de l'Égypte. Le fragment de la dédicace, que je traduis ici, prouvera incontestablement qu'il appartient au règne de Ramsès VI (Sésostris).

Le roi du peuple obéissant, seigneur des mondes, Soleil gardien de la justice, l'éprouvé du Soleil, le fils du Soleil, seigneur des trois zones du monde, le chéri d'Amon, RAMSES fit tous les dons. (Pl. IV, n° 17.)

De l'an 1473 à l'an 1418 avant J. C.

―――――

AGHIA - NERGHI. احيا نرقى

M. Gau semble n'avoir pas eu connaissance de ce temple creusé dans les rochers , en face de la petite île de Aghia-Nerghi. Il se compose d'une salle et d'un enfoncement où il y a trois statues. Tous les bas-reliefs représentent le roi Thoutmosis II (Mœris) (*lég.* 2) , faisant des offrandes à diverses divinités.

On voit à côté plusieurs bas-reliefs sculptés dans les rochers : tous se rapportent à Ramsès VI (Sésostris). (*Lég.* 8.)

Temple : de l'an 1736 à l'an 1723 avant J. C.

Bas-reliefs : de l'an 1473 à l'an 1418 avant J. C.

ANIBÉ. انيبة

Ce tombeau n'a pas été visité par M. Gau. Il fut creusé sous le règne de Ramsès III (Ramessès) (*lég.* 7). Il n'offre rien de remarquable; il n'est composé que de deux salles.

De l'an 1561 à l'an 1559 avant J. C.

———

IBRIM. ابريم

On trouve dans le rocher sur lequel cette ville était bâtie, quatre petites chapelles que M. Gau ne décrit pas. Je n'ai pu pénétrer que dans deux. Dans la première, on trouve le nom de Thoutmosis II (Mœris). (*Lég.* 2.)

De l'an 1736 à l'an 1723 avant J. C.

La seconde appartient à un roi nommé Ramsès. Le prénom n'en est pas assez visible pour déterminer à quel prince de ce nom il se rapporte. L'arrangement des premiers signes me fait croire que ce doit être à Ramsès VI.

———

ABESEMBEL. ابسنبل
Aboussamboul.

DÉDICACE DU GRAND TEMPLE :

LA VIE DIVINE!

AROÉRIS PUISSANT ET FORT!

Celui qui chérit la déesse Saté, le roi du peuple obéissant,

Soleil gardien de la justice, l'éprouvé du Soleil, le fils du Soleil, le chéri d'Amon, RAMSÈS, *chéri d'Amon-Ra, roi des dieux.* (*Pl. IV, N° 18.*)

Dans l'intérieur du temple on ne trouve pas d'autres noms que celui-ci, qui est celui de Ramsès VI (Sésostris).

De l'an 1473 à l'an 1418 avant J. C.

Fragment de la dédicace du petit temple :

Le roi du Peuple obéissant, seigneur des mondes, Soleil gardien de la justice, l'éprouvé du Soleil, le fils chéri du Soleil et de son germe, le seigneur des trois zones du monde, le chéri d'Amon, RAMSÈS ; *sa grande et royale épouse qui le chérit, l'établie par Neith, la bonne* ARI *fit ce temple.* (*Pl. IV, N°* 19.)

Il est donc certain que ce monument ne peut être antérieur au règne de Ramsès VI (Sésostris), époux de la reine ARI, et par conséquent à l'année 1473 avant J. C.

CHERK - BALANI. شرق بلانى

Balagne.

Ce temple souterrain fut exécuté sous le règne d'Horus (*lég.* 5), dont on lit le nom en plusieurs endroits.

De l'an 1675 à l'an 1618 avant J. C.

A peu de distance, en remontant le fleuve, on trouve une petite chapelle taillée dans le roc. M. Gau n'en parle pas : c'est cependant le monument le plus ancien de la Nubie, puisqu'elle fut faite par Aménoftep, second roi de la dix-huitième dynastie. Son prénom seul est lisible. (*Lég*. 1.)

De l'an 1822 à l'an 1791 avant J. C.

SSERRÉ. صرّة

Ser-ak-cheh.

Ramsès II (Armaïs), qui est représenté avec divers groupes de prisonniers qu'il conduit, a construit ce temple. On ne trouve que son prénom (*lég*. 6). Ce monument fut réparé par Ramsès VI (Sésostris). (*Lég*. 8.)

Construit : de l'an 1565 à l'an 1561 avant J. C.

Réparé : de l'an 1473 à l'an 1418 avant J. C.

AALAM. علام

Il n'est pas surprenant que ces ruines n'aient pas été aperçues par M. Gau. Le sable du désert les couvre presque entièrement. Elles sont sur la rive gauche du Nil, en face le village de Wadi-Halfa. Je n'ai pu y distinguer que le prénom de Thoutmosis II (Mœris). (*Lég*. 2.)

De l'an 1736 à l'an 1723 avant J. C.

TRADUCTION DES LÉGENDES ROYALES.

1. — (Le dévoué au Soleil directeur.)
   Prénom d'Aménoftep (Amosis), 2ᵉ roi de la 18ᵉ dynastie.

2. — Le roi du peuple obéissant (Soleil stabiliteur du monde)
   le fils du Soleil (THOUTMÉS , bienfaiteur du monde).
   Thoutmosis II (Mœris), 5ᵉ roi de la 18ᵉ dynastie.

3. — Le roi du peuple obéissant (grand Soleil des mondes) le
   fils du Soleil (AMÉNOF , dieu bon et bienfaisant).
   Aménophis I (Miphra-Thoutmosis), 6ᵉ roi de la 18ᵉ dynastie.

4. — Le roi du peuple obéissant (Soleil stabiliteur des mondes)
   le fils du Soleil (THOUTMÉS........)
   Thoutmosis III (Thoutmosis), 7ᵉ roi de la 18ᵉ dynastie.

5. — Le roi du peuple obéissant (Soleil directeur des mondes,
   l'éprouvé du Soleil), le fils du Soleil (le chéri d'Amon,
   HOR , avec le Seigneur).
   Hor (Horus), 9ᵉ roi de la 18ᵉ dynastie.

6. — Le roi du peuple obéissant (Soleil gardien distingué de
   la justice) le fils du Soleil (le chéri d'Amon, RAMSÈS).
   Ramsès II (Armaïs), 14ᵉ roi de la 18ᵉ dynastie.

7. — Le roi du peuple obéissant (Soleil seigneur de la justice) le fils du Soleil (RAMSÈS , dieu bon et bienfaisant).
   Ramsès III (Ramessès), 15ᵉ roi de la 18ᵉ dynastie.

8. — Le roi du peuple obéissant (Soleil gardien de la justice,
   l'éprouvé du Soleil) le fils du Soleil (le chéri d'Amon,
   RAMSÈS).
   Ramsès VI (Sésostris), 1ᵉʳ roi de la 19ᵉ dynastie.

9. — Le roi du peuple obéissant (. . . . . l'éprouvé du Soleil)
le fils du Soleil (ARKAMON, toujours vivant, chéri d'Isis).

*Ergaménès, roi d'Ethiopie, et contemporain de Ptolé-
mée-Philadelphe.*

10. — Le roi du peuple obéissant (l'éprouvé du Soleil, l'é-
prouvé des Dieux) le fils du Soleil (. . . . . toujours vivant,
chéri d'Isis).

*Roi d'Ethiopie. La valeur du second signe de son nom
propre est inconnue.*

11. — Le roi du peuple obéissant (Dieux . . . . . . l'éprouvé
de Phtahh, le gardien des offrandes d'Amon-Ra, soutien
vivant) le fils du Soleil (PTOLÉMÉE, toujours vivant, le
chéri d'Isis).

Ptolémée-Philopator.

12. — Le roi du peuple obéissant (Dieu resplendissant, l'é-
prouvé de Phtahh, image vivante d'Amon-Ra) le fils du
Soleil (PTOLÉMÉE, toujours vivant, chéri de Phtahh).

Ptolémée-Évergète II.

13. — Le roi, seigneur des mondes (homme empereur) le fils
du Soleil, seigneur des trois zones du monde (CÉSAR,
toujours vivant, chéri de Phtahh et d'Isis).

Auguste.

14. — Le fils du Soleil, seigneur des trois zones du monde
(TIBÈRE-CÉSAR, toujours vivant, chéri de Phtahh et
d'Isis).

FIN.

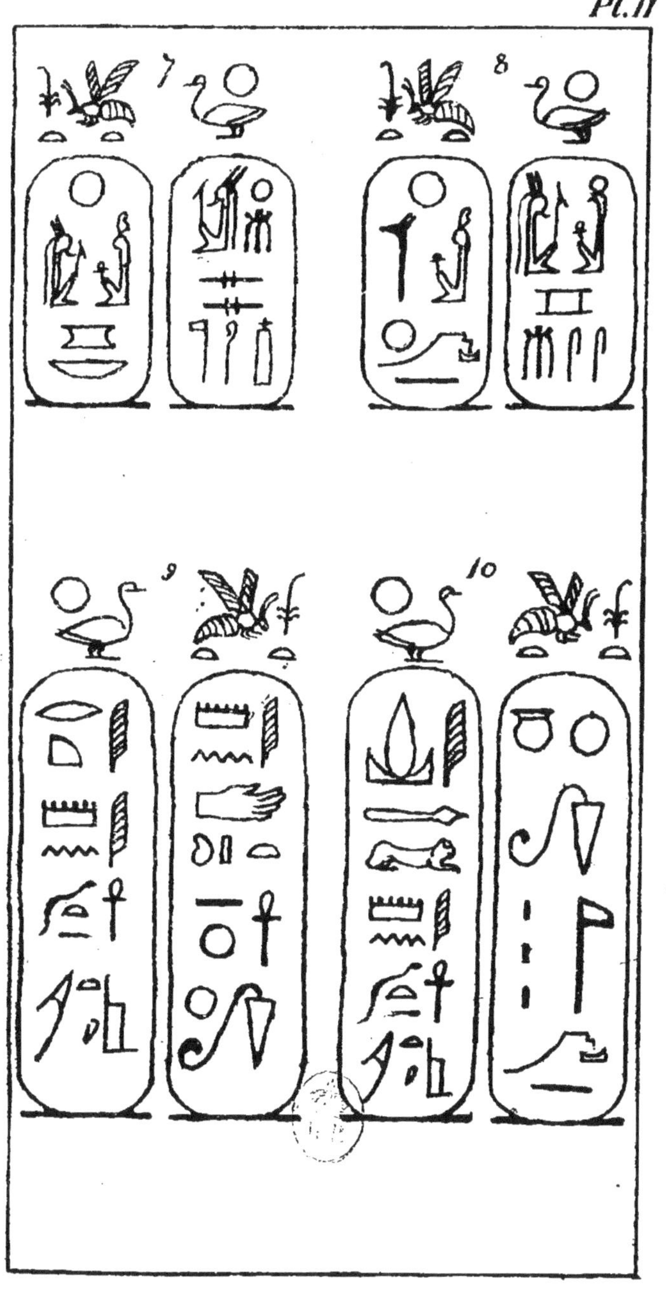

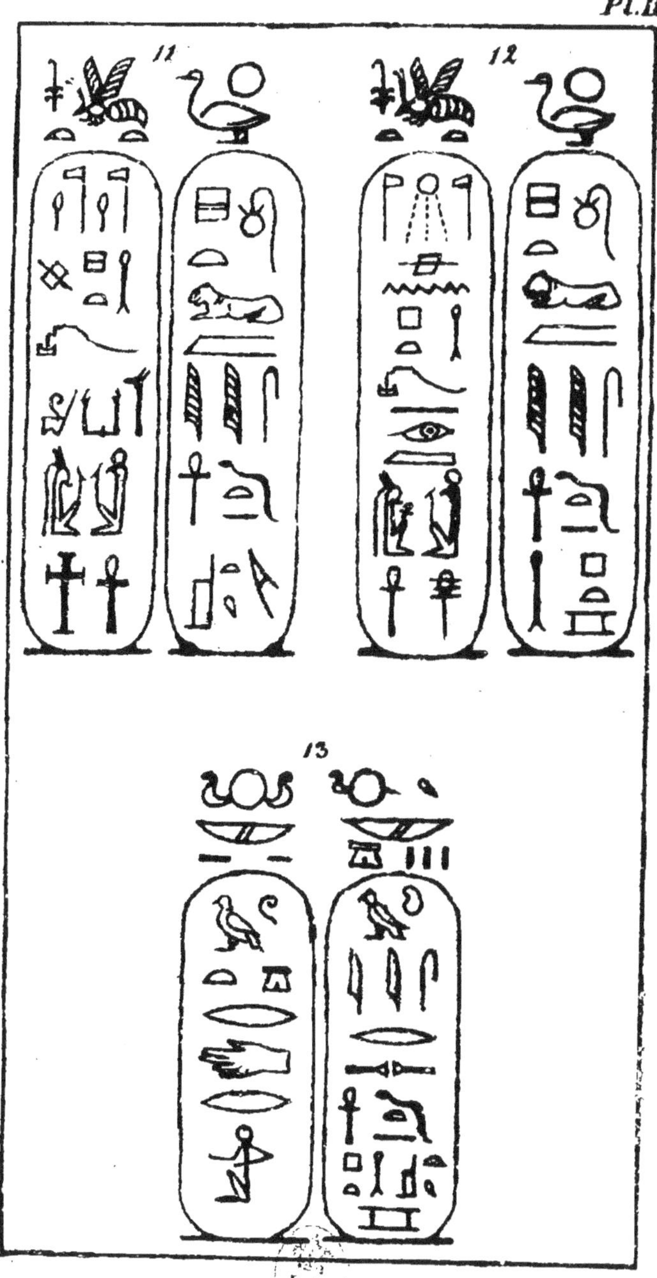
11
12
13

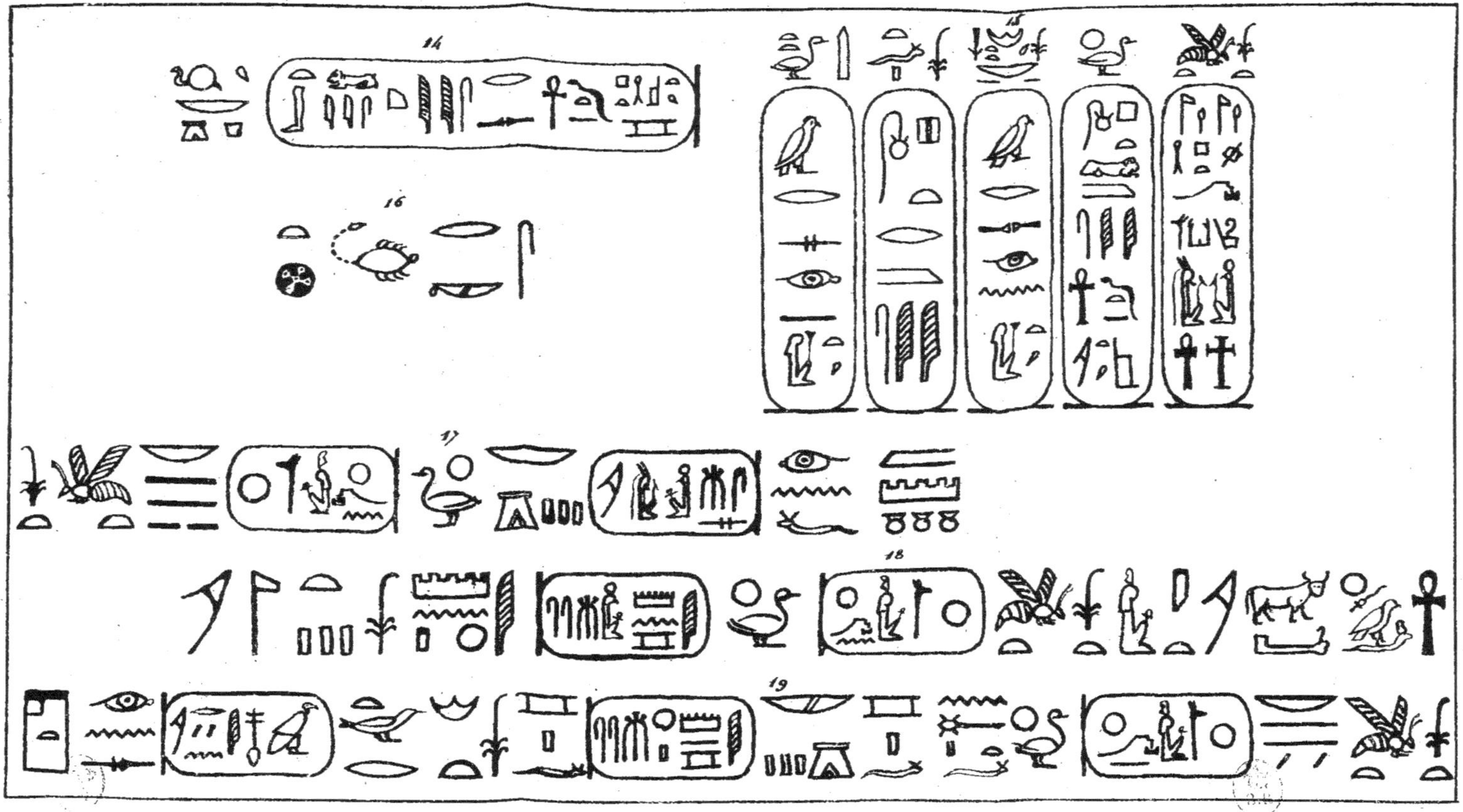

14

15

16

17

18

19

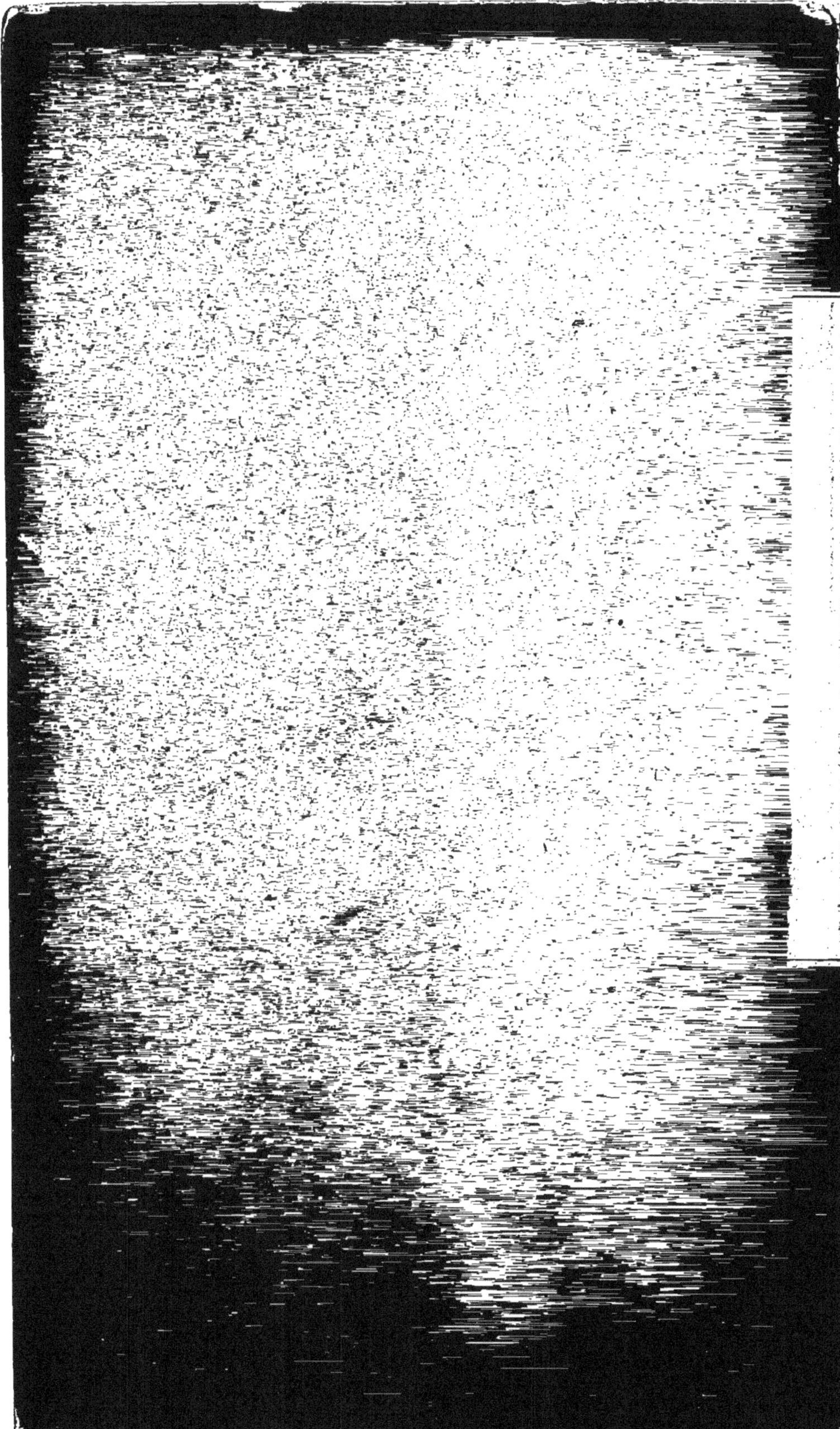